Olympe de Gouges

L'Esclavage
des noirs
ou l'Heureux Naufrage

Théâtre

ISBN : 978-1979285872

10 9 8 7 6 5 4 3 2 1

Olympe de Gouges

L'Esclavage des noirs ou l'Heureux Naufrage

Théâtre

Table de Matières

PRÉFACE.

DANS les siècles de l'ignorance les hommes se sont fait la guerre ; dans le siècle le plus éclairé, ils veulent se détruire. Quelle est enfin la science, le régime, l'époque, l'âge où les hommes vivront en paix ? Les Savants peuvent s'appesantir et se perdre sur ces observations métaphysiques. Pour moi, qui n'ai étudié que les bons principes de la Nature, je ne définis plus l'homme, et mes connaissances sauvages ne m'ont appris à juger des choses que d'après mon âme. Aussi mes productions n'ont-elles que la couleur de l'humanité.

Le voilà enfin, ce Drame que l'avarice et l'ambition ont proscrit, et que les hommes justes approuvent. Sur ces diverses opinions quelle doit être la mienne ? Comme Auteur, il m'est permis d'approuver cette production philanthropique ; mais comme témoin auriculaire des récits désastreux des maux de l'Amérique, j'abhorrerais mon Ouvrage, si une main invisible n'eût opéré cette révolution à laquelle je n'ai participé en rien que par la prophétie que j'en ai faite. Cependant on me blâme, on m'accuse sans connaître même *l'Esclavage des Noirs*, reçu en 1783 à la Comédie Françoise, imprimé en 1786, et représenté en Décembre 1789. Les Colons, à qui rien ne coûtait pour assouvir leur cruelle ambition, gagnèrent les Comédiens, et l'on assure… que l'interception de ce Drame n'a pas nui à la recette ; mais ce n'est point le procès des Comédiens ni des Colons que je veux faire, c'est le mien.

Je me dénonce à la voix publique ; me voilà en état d'arrestation : je vais moi-même plaider ma cause devant ce Tribunal auguste, frivole… mais redoutable. C'est au scrutin des consciences que je vais livrer mon procès ; c'est à la pluralité des voix que je vais le perdre ou le gagner.

L'Auteur, ami de la vérité, l'Auteur qui n'a d'autre intérêt que de rappeler les hommes aux principes bienfaisants de la Nature, qui n'en respecte pas moins les lois, les convenances sociales, est toujours un mortel estimable, et si ses écrits ne produisent pas tout le bien qu'il s'en était promis, il est à plaindre plus qu'à blâmer.

Il m'est donc important de convaincre le Public et les détracteurs de mon Ouvrage, de la pureté de mes maximes. Cette production peut manquer par le talent, mais non par la morale. C'est à la faveur de cette morale que l'opinion doit revenir sur mon compte.

Quand le Public aura lu ce Drame, conçu dans un temps où il devait paraître un Roman tiré de l'antique féérie, il reconnaîtra qu'il est le tableau fidèle de la situation actuelle de l'Amérique. Tel que ce Drame fut approuvé sous le despotisme de la presse, je le donne aujourd'hui sous l'an quatrième de la liberté. Je l'offre au Public comme une pièce authentique et nécessaire à ma justification. Cette production est-elle incendiaire ? non. Présente-t-elle un caractère d'insurrection ? non. A-t-elle un but moral ? oui sans doute. Que me veulent donc ces Colons pour parler de moi avec des termes si peu ménagés ? Mais ils sont malheureux, je les plains, et je respecterai leur déplorable sort ; je ne me permettrai pas même de leur rappeler leur inhumanité : je me permettrai seulement de leur citer tout ce que j'ai écrit pour leur conserver leurs propriétés et leurs plus chers intérêts : ce Drame en est une preuve.

C'est à vous, actuellement, esclaves, hommes de couleur, à qui je vais parler ; j'ai peut-être des droits incontestables pour blâmer votre férocité : cruels, en imitant les tyrans, vous les justifiez. La plupart de vos Maîtres étaient humains et bienfaisants, et dans votre aveugle rage vous ne distinguez pas les victimes innocentes de vos persécuteurs. Les hommes n'étaient pas nés pour les fers, et vous prouvez qu'ils sont nécessaires. Si la force majeure est de votre côté, pourquoi exercer toutes les fureurs de vos brûlantes contrées ? Le poison, le fer, les poignards, l'invention des supplices les plus barbares et les plus atroces ne vous coûtent rien, dit-on. Quelle cruauté ! quelle inhumanité ! Ah ! combien vous faites gémir ceux qui voulaient vous préparer, par des moyens tempérés, un sort plus doux, un sort plus digne d'envie que tous ces avantages illusoires avec lesquels vous ont égarés les auteurs des calamités de la France et de l'Amérique. La tyrannie vous suivra, comme le crime s'est attaché à ces hommes pervers. Rien ne pourra vous accorder entre vous. Redoutez ma prédiction, vous savez si elle est fondée sur des bases vraies et solides. C'est d'après la raison, d'après la justice divine, que je prononce mes oracles. Je ne me rétracte point : j'abhorre vos Tyrans, vos cruautés me font horreur.

Ah ! si mes conseils vont jusqu'à vous, si vous en reconnaissez tout l'avantage, j'ose croire qu'ils calmeront vos esprits indomptés, et vous ramèneront à une concorde indispensable au bien de la Colonie et à vos propres intérêts. Ces intérêts ne consistent que dans l'ordre social, vos droits dans la sagesse de la Loi ; cette Loi reconnaît tous les hommes frères ; cette Loi auguste que la cupidité avait plongée dans le chaos est enfin sortie des ténèbres. Si le sauvage, l'homme féroce la méconnaît, il est fait pour être chargé de fers et dompté comme les brutes.

Esclaves, gens de couleur, vous qui vivez plus près de la Nature que les Européens, que vos Tyrans, reconnaissez donc ses douces lois, et faites voir qu'une Nation éclairée ne s'est point trompée en vous traitant comme des hommes et vous rendant des droits que vous n'eûtes jamais dans l'Amérique. Pour vous rapprocher de la justice et de l'humanité, rappelez-vous, et ne perdez jamais de vue, que c'est dans le sein de votre Patrie qu'on vous condamne à cette affreuse servitude, et que ce sont vos propres parents qui vous mènent au marché ; qu'on va à la chasse des hommes dans vos affreux climats, comme on va ailleurs à la chasse des animaux. La véritable Philosophie de l'homme éclairé le porte à arracher son semblable du sein d'une horrible situation primitive où les hommes non-seulement se vendaient, mais où ils se mangeaient encore entr'eux. Le véritable homme ne considère que l'homme. Voilà mes principes, qui diffèrent bien de ces prétendus défenseurs de la Liberté, de ces boutefeux, de ces esprits incendiaires qui prêchent l'égalité, la liberté, avec toute l'autorité et la férocité des Despotes. L'Amérique, la France, et peut-être l'Univers, devront leur chute à quelques énergumènes que la France a produits, la décadence des Empires et la perte des arts et des sciences. C'est peut-être une funeste vérité. Les hommes ont vieilli, ils paraissent vouloir renaître, et d'après les principes de M. *Brissot*, la vie animale convient parfaitement à l'homme ; j'aime plus que lui la Nature, elle a placé dans mon âme les lois de l'humanité et d'une sage égalité ; mais quand je considère cette Nature, je la vois souvent en contradiction avec ses principes, et tout m'y paraît subordonné. Les animaux ont leurs Empires, des Rois, des Chefs, et leur règne est paisible ; une main invisible et bienfaisante semble conduire leur administration. Je ne suis pas tout-à-fait l'ennemie des principes de M. *Brissot*, mais je les crois impraticables chez les hommes : avant lui j'ai traité cette matière. J'ai osé, après l'auguste Auteur du Contrat Social, donner le Bonheur Primitif de l'Homme, publié en 1789. C'est un Roman que j'ai fait, et jamais les hommes ne seront assez purs, assez grands pour remonter à ce bonheur primitif, que je n'ai trouvé que dans une heureuse fiction. Ah ! s'il était possible qu'ils pussent y arriver, les lois sages et humaines que j'établis dans ce contrat social, rendraient tous les hommes frères, le Soleil serait le vrai Dieu qu'ils invoqueraient ; mais toujours variants, le Contrat Social, le Bonheur Primitif et l'Ouvrage *auguste* de M. *Brissot* seront toujours des chimères, et non une utile instruction. Les imitations de Jean-Jacques sont défigurées dans ce nouveau régime, que seraient donc *celles* de Mme *de Gouges* et *celles* de M. *Brissot* ? Il est aisé, même au plus ignorant, de faire des révolutions sur quelques cahiers de papier ; mais, hélas ! l'expérience de tous les Peuples, et celle que font les François, m'apprennent que les plus savants et les plus sages n'établissent pas leurs doctrines sans produire des maux de toutes espèces. Voilà ce que nous offre l'histoire de tous les pays.

Je m'écarte du but de ma Préface, et le temps ne me permet pas de donner un libre cours à des raisons philosophiques. Il s'agissait de justifier l'*Esclavage des Noirs*, que les odieux Colons avoient proscrit, et présenté comme un ouvrage incendiaire. Que le public juge et prononce, j'attends son arrêt pour ma justification.

PERSONNAGES.

ZAMOR, Indien instruit.
MIRZA, jeune Indienne, amante de Zamor.
M. DE SAINT-FRÉMONT, Gouverneur d'une Isle dans l'Inde.
Mme DE SAINT-FRÉMONT, son épouse.
VALÈRE, Gentilhomme François, époux de Sophie.
SOPHIE, fille naturelle de M. de Saint-Frémont.
BETZI, Femme de Chambre de Mme de Saint-Frémont.
CAROLINE, Esclave.
UN INDIEN, Intendant des Esclaves de M. de Saint-Frémont.
AZOR, Valet de M. de Saint-Frémont.
M. DE BELFORT, Major de la Garnison.
UN JUGE.
UN DOMESTIQUE de M. de Saint-Frémont.
UN VIEILLARD INDIEN.
PLUSIEURS HABITANS INDIENS des deux sexes, et Esclaves.
GRENADIERS ET SOLDATS FRANÇOIS.

La Scène se passe, au premier Acte, dans une Isle déserte ; au second dans une grande Ville des Indes, voisine de cette Isle, et au troisième, dans une Habitation proche cette Ville.

L'ESCLAVAGE DES NOIRS,
OU
L'HEUREUX NAUFRAGE.

ACTE PREMIER.

Le Théâtre représente le rivage d'une Isle déserte, bordée et environnée de rochers escarpés, à travers lesquels on aperçoit la pleine mer dans le lointain. Sur un des côtés en avant est l'ouverture d'une cabane entourée d'arbres fruitiers du climat ; l'autre côté est rempli par l'entrée d'une forêt qui paraît impénétrable. Au moment où le rideau se lève, une tempête agite les flots : on voit un navire qui vient se briser sur la côte. Les vents s'apaisent et la mer se calme peu à peu.

Scène PREMIÈRE.
ZAMOR, MIRZA.

ZAMOR.

DISSIPE tes frayeurs, ma chère Mirza ; ce vaisseau n'est point envoyé par nos persécuteurs : autant que je puis en juger il est François. Hélas ! il vient de se briser sur ces côtes, personne de l'équipage ne s'est sauvé.

MIRZA.

Zamor, je ne crains que pour toi ; le supplice n'a rien qui m'effraie ; je bénirai mon sort si nous terminons nos jours ensemble.

ZAMOR.

Ô ma Mirza ! que tu m'attendris !

MIRZA.

Hélas ! qu'as-tu fait ? mon amour t'a rendu coupable. Sans la malheureuse Mirza tu n'aurais jamais fui le meilleur de tous les Maîtres, et tu n'aurais pas tué son homme de confiance.

ZAMOR.

Le barbare ! il t'aima, et ce fut pour devenir ton tyran. L'amour le rendit féroce. Le tigre osa me charger du châtiment qu'il t'infligeait pour n'avoir pas voulu répondre à sa passion effrénée. L'éducation que notre Gouverneur m'avait fait donner ajoutait à la sensibilité de mes mœurs sauvages, et me rendait encore plus insupportable le despotisme affreux qui me commandait ton supplice.

MIRZA.

Il fallait me laisser mourir ; tu serais auprès de notre Gouverneur qui te chérit comme son enfant. J'ai causé tes malheurs et les siens.

ZAMOR.

Moi, te laisser périr ! ah ! Dieux ! Eh ! pourquoi me rappeler les vertus et les bontés de ce respectable Maître ? J'ai fait mon devoir auprès de lui : j'ai payé ses bienfaits, plutôt par la tendresse d'un fils, que par le dévouement d'un esclave. Il me croit coupable, et voilà ce qui rend mon tourment plus affreux. Il ne sait point quel monstre il avait honoré de sa confiance. J'ai sauvé mes semblables de sa tyrannie ; mais, ma chère Mirza, perdons un souvenir trop cher et trop funeste : nous n'avons plus de protecteurs que la Nature. Mère bienfaisante ! tu connais notre innocence. Non, tu ne nous abandonneras pas, et ces lieux déserts nous cacheront à tous les yeux.

MIRZA.

Le peu que je sais, je te le dois, Zamor ; mais dis-moi pourquoi les Européens et les Habitants ont-ils tant d'avantage sur nous, pauvres esclaves ? Ils sont cependant faits comme nous : nous sommes des hommes comme eux : pourquoi donc une si grande différence de leur espèce à la nôtre ?

ZAMOR.

Cette différence est bien peu de chose ; elle n'existe que dans la couleur ; mais les avantages qu'ils ont sur nous sont immenses. L'art les a mis au-dessus de la Nature : l'instruction en a fait des Dieux, et nous ne sommes que des hommes. Ils se servent de nous dans ces climats comme ils se servent des animaux dans les leurs. Ils sont venus dans ces contrées, se sont emparés des terres, des fortunes des Naturels des Isles, et ces fiers ravisseurs des propriétés d'un peuple doux et paisible dans ses foyers, firent couler tout le sang de ses nobles victimes, se partagèrent entr'eux les dépouilles sanglantes, et nous ont faits esclaves pour récompense des richesses qu'ils ont ravies, et que nous leur conservons. Ce sont ces propres champs qu'ils moissonnent, semés de cadavres d'Habitants, et ces moissons sont actuellement arrosées de nos sueurs et de nos larmes. La plupart de ces maîtres barbares nous traitent avec une cruauté qui fait frémir la Nature. Notre espèce trop malheureuse s'est habituée à ces châtiments. Ils se gardent bien de nous instruire. Si nos yeux venaient à s'ouvrir, nous aurions horreur de l'état où ils nous ont réduits, et nous pourrions secouer un joug aussi cruel que honteux ; mais est-il en notre pouvoir de changer notre sort ? L'homme avili par l'esclavage a perdu toute son énergie et les plus abrutis d'entre nous sont les moins malheureux. J'ai témoigné toujours le même zèle à mon maître ; mais je me suis bien gardé de faire connaître ma façon de penser à mes camarades. Dieu ! détourne le présage qui menace encore ce climat, amollis le cœur de nos Tyrans, et rends à l'homme le droit qu'il a perdu dans le sein même de la nature.

MIRZA.

Que nous sommes à plaindre !

ZAMOR.

Peut-être avant peu notre sort va changer. Une morale douce et consolante a fait tomber en Europe le voile de l'erreur. Les hommes éclairés jettent sur nous des regards attendris : nous leur devrons le retour de cette précieuse liberté, le premier trésor de l'homme, et dont des ravisseurs cruels nous ont privés depuis si long-tems.

MIRZA.

Je serais bien contente d'être aussi instruite que toi ; mais je ne sais que t'aimer.

ZAMOR.

Ta naïveté me charme ; c'est l'empreinte de la Nature. Je te quitte un moment. Va cueillir des fruits. Je vais faire un tour au bas de la côte pour y rassembler les débris de ce naufrage. Mais, que vois-je ! une femme qui lutte contre les flots ! Ah ! Mirza, je vole à son secours. L'excès du malheur doit-il dispenser d'être humain ? *(Il descend du côté du rocher.)*

Scène II.
MIRZA, *seule.*

ZAMOR va sauver cette infortunée ! Puis-je ne pas adorer un cœur si tendre, si compatissant ? À présent que je suis malheureuse, je sens mieux combien il est doux de soulager le malheur des autres. *(Elle sort du côté de la forêt.)*

Scène III.
VALÈRE, *seul, entre par le côté opposé à celui où Mirza est sortie.*

Rien ne paraît sur les vagues encore émues. Ô ma femme ! tu es perdue à jamais ! Eh ! pourrais-je te survivre ? Non : il faut me réunir à toi. J'ai recueilli mes forces pour te sauver la vie vie, et j'ai seul échappé à la fureur des flots. Je ne respire qu'avec horreur : séparé de toi, chaque instant redouble mes peines. En vain je te cherche, en vain je t'appelle : Ta voix retentit dans mon cœur, mais elle ne frappe pas mon oreille. Je te suis. *(Il descend avec peine et tombe au fond du Théâtre appuyé sur une roche.)* Un nuage épais couvre mes yeux, ma force m'abandonne ! Grand Dieu, accorde-moi celle de me traîner jusqu'à la mer ! Je ne puis plus me soutenir. *(Il reste immobile d'épuisement.)*

Scène IV.
VALÈRE, MIRZA.

MIRZA, *accourant et apercevant Valère.*

AH ! Dieu ! Quel est cet homme ? S'il venait pour se saisir de Zamor et me séparer de lui ! Hélas ! que deviendrais-je ? Mais, non, il n'a peut-être pas un si mauvais dessein ; ce n'est pas un de nos persécuteurs. Je souffre… Malgré mes craintes, je ne puis m'empêcher de le secourir. Je ne puis plus long-tems le voir en cet état. Il a l'air d'un François. *(À Valère.)* Monsieur, Monsieur le François… Il ne répond point. Que faire ? *(Elle appelle.)* Zamor, Zamor. *(Avec réflexion.)*Montons sur le rocher pour voir s'il vient. *(Elle y court et en redescend aussitôt.)* Je ne le vois pas. *(Elle revient à Valère.)* François, François, réponds-moi ? Il ne répond pas. Quels secours puis-je lui donner ? Je n'ai rien, que je suis malheureuse ! *(Prenant le bras de Valère et lui frappant dans la main.)* Pauvre étranger, il est bien malade, et Zamor ne revient pas : il a plus de force que moi ; mais allons chercher dans notre cabane de quoi le faire revenir. *(Elle sort.)*

Scène V.
VALÈRE, ZAMOR, SOPHIE.

ZAMOR, *entrant du côté du rocher, et portant sur ses bras Sophie qui paraît évanouie, vêtue d'une robe blanche à la lévite, avec une ceinture et les cheveux épars.*

REPRENEZ vos forces, Madame, je ne suis qu'un esclave Indien, mais je vous donnerai du secours.

SOPHIE, *d'une voix expirante.*

Qui que vous soyez, laissez-moi. Votre pitié m'est plus cruelle que les flots. J'ai perdu ce que j'avais de plus cher. La vie m'est odieuse. Ô Valère ! Ô mon époux ! qu'es-tu devenu ?

VALÈRE.

Quelle voix se fait entendre ? Sophie !

SOPHIE, *l'aperçoit.*

Que vois-je…… C'est lui !

VALÈRE, *se levant et tombant aux pieds de Sophie.*

Grand Dieu ! vous me rendez ma Sophie ! Ô chère épouse ! objet de mes larmes et de ma tendresse ! Je succombe à ma douleur et à ma joie.

SOPHIE.

Providence divine ! tu m'as sauvée ! achève ton ouvrage, et rends moi mon père.

Scène VI.

VALÈRE, ZAMOR, SOPHIE, MIRZA, *apportant des fruits et de l'eau ; elle entre en courant, et surprise de voir une femme, elle s'arrête.*

ZAMOR.

Approche, Mirza, ne crains rien. Ce sont deux infortunés comme nous ; ils ont des droits sur notre âme.

VALÈRE.

Être compatissant à qui je dois la vie et celle de mon épouse ! tu n'es point un Sauvage ; tu n'en as ni le langage ni les mœurs. Es-tu le maître de cette Isle ?

ZAMOR.

Non, mais nous l'habitons seuls depuis quelques jours. Vous me paraissez François. Si la société d'esclaves ne vous semble pas méprisable, c'est de bon cœur qu'ils partageront avec vous la possession de cette Isle, et si le destin le veut, nous finirons nos jours ensemble.

SOPHIE, *à Valère.*

Que ce langage m'intéresse ! *(Aux Esclaves.)* Mortels généreux, j'accepterais vos offres, si je n'allais plus loin chercher un père que peut-être je ne retrouverai jamais ! Depuis deux ans que nous errons sur les mers, nous n'avons pu le découvrir.

VALÈRE.

Eh bien ! restons dans ces lieux : acceptons pour quelque-tems l'hospitalité de ces Indiens, et sois persuadée, ma chère Sophie, qu'à force de persévérance nous découvrirons l'auteur de tes jours dans ce Continent.

SOPHIE.

Cruelle destinée ! nous avons tout perdu, comment continuer nos recherches ?

VALÈRE.

Je partage ta peine. *(Aux Indiens.)* Généreux mortels, ne nous abandonnez pas.

MIRZA.

Nous, vous abandonner ! Jamais, non, jamais.

ZAMOR.

Oui, ma chère Mirza, consolons-les dans leurs infortunes. *(À Valère et à Sophie.)* Reposez-vous sur moi ; je vais parcourir tous les environs du rocher : si les pertes que vous avez faites sont parmi les débris du vaisseau, je vous promets de vous les apporter. Entrez dans notre cabane, Étrangers malheureux ; vous avez besoin de repos ; je vais tâcher de rendre le calme à vos esprits agités.

SOPHIE.

Mortels compatissants, que de grâces nous avons à vous rendre ! vous nous avez sauvé la vie, comment m'acquitter jamais envers vous ?

ZAMOR.

Vous ne me devez rien, en vous secourant je ne fais qu'obéir à la voix de mon cœur. *(il sort.)*

Scène VII.
MIRZA, SOPHIE, VALÈRE.

MIRZA, *à Sophie.*

JE vous aime bien, quoique vous ne soyez pas esclave. Venez, j'aurai soin de vous. Donnez-moi votre bras. Ah ! la jolie main, quelle différence avec la mienne ! Asseyons-nous ici. *(Avec gaieté.)* Que je suis contente d'être avec vous ! Vous êtes aussi belle que la femme de notre Gouverneur.

SOPHIE.

Oui ? vous avez donc un Gouverneur dans cette Isle ?

VALÈRE.

Il me semble que vous nous avez dit que vous l'habitiez seule ?

MIRZA, *avec franchise.*

Oh ! C'est bien vrai, et Zamor ne vous à point trompés. Je vous ai parlé du Gouverneur de la Colonie qui n'habite pas avec nous. *(À part.)* Il faut prendre garde à ce que je vais dire ; car s'il savait que Zamor a tué un blanc, il ne voudrait pas rester avec nous.

SOPHIE, *à Valère.*

Son ingénuité m'enchante ; sa physionomie est douce ; et prévient en sa faveur.

VALÈRE.

Je n'ai pas vu de plus jolie Négresse.

MIRZA.

Vous vous moquez, je ne suis pas cependant la plus jolie ; mais, dites-moi, les Françaises sont-elles aussi belles que vous ? Elles doivent l'être, car les François sont tous bons, et vous n'êtes pas esclaves.

VALÈRE.

Non, les François voient avec horreur l'esclavage. Plus libres un jour ils s'occuperont d'adoucir votre sort.

MIRZA, *avec surprise.*

Plus libres un jour, comment, est-ce que vous ne l'êtes pas ?

VALÈRE.

Nous sommes libres en apparence, mais nos fers n'en sont que plus pesants. Depuis plusieurs siècles les François gémissent sous le despotisme des Ministres et des Courtisans. Le pouvoir d'un seul Maître est dans les mains de mille Tyrans qui foulent son Peuple. Ce Peuple un jour brisera ses fers, et reprenant tous ses droits écrits dans les lois de la Nature, apprendra à ces Tyrans ce que peut l'union d'un peuple trop long-tems opprimé, et éclairé par une saine philosophie.

MIRZA.

Oh ! bon Dieu ! Il y a donc partout des hommes méchants !

Scène VIII.
ZAMOR, *sur le rocher*, SOPHIE, VALÈRE, MIRZA.

ZAMOR.

C'en est fait, malheureux Étrangers ! vous n'avez plus d'espoir. Une vague vient d'engloutir le reste de l'équipage avec toutes vos espérances.

SOPHIE.

Hélas ! qu'allons-nous devenir ?

VALÈRE.

Un vaisseau peut aborder dans cette Isle.

ZAMOR.

Vous ne connaissez pas, malheureux Étrangers, combien cette côte est dangereuse. Il n'y a que des infortunés comme Mirza et moi, qui aient osé s'en approcher et vaincre tout péril pour l'habiter. Nous ne sommes cependant qu'à deux lieues d'une des plus grandes villes de l'Inde ; ville que je ne reverrai jamais à moins que nos tyrans ne viennent nous arracher d'ici pour nous faire

---

éprouver le supplice auquel nous sommes condamnés.

SOPHIE.

Le supplice !

VALÈRE.

Quel crime avez-vous commis l'un et l'autre ? Ah ! je le vois ; vous êtes trop instruit pour un esclave, et votre éducation a sans doute coûté cher à celui qui vous l'a donnée.

ZAMOR.

Monsieur, n'ayez point sur moi les préjugés de vos semblables. J'avais un Maître qui m'était cher ; j'aurais sacrifié ma vie pour prolonger ses jours ; mais son Intendant était un monstre dont j'ai purgé la terre. Il aima Mirza ; mais son amour fut méprisé. Il apprit qu'elle me préférait, et dans sa fureur il me fit éprouver des traitements affreux ; mais le plus terrible fut d'exiger de moi que je devinsse l'instrument de sa vengeance contre ma chère Mirza. Je rejetai avec horreur une pareille commission. Irrité de ma désobéissance, il courut sur moi l'épée nue ; j'évitai le coup qu'il voulait me porter ; je le désarmai, et il tomba mort à mes pieds. Je n'eus que le temps d'enlever Mirza et de fuir avec elle dans une chaloupe.

SOPHIE.

Que je le plains, ce malheureux ! Quoiqu'il ait commis un meurtre, son meurtre me parait digne de grâce.

VALÈRE.

Je m'intéresse à leur sort, ils m'ont rappelé à la vie, ils ont sauvé la tienne : je les défendrai aux dépens de mes jours, j'irai moi-même voir son Gouverneur : S'il est François, il doit être humain et généreux.

ZAMOR.

Oui, Monsieur, il est François, et le meilleur des hommes,

MIRZA.

Ah ! si tous les Colons lui ressemblaient, nous serions moins malheureux.

ZAMOR.

Je fus à lui dès l'âge de huit ans, il se plaisait à me faire instruire, et m'aimait comme si j'eusse été son fils ; car il n'en a jamais eu, ou peut-être en est-il privé ; il semble regretter quelque chose. On l'entend quelquefois soupirer ; sûrement il s'efforce de cacher quelque grand chagrin. Je l'ai surpris souvent versant des larmes ; il adore sa femme, et elle le paie bien de retour. S'il ne dépendait que de lui, j'aurai ma grâce ; mais il faut un exemple. Il n'y a point de pardon à espérer pour un esclave qui a levé la main sur son Commandeur.

SOPHIE, *à Valère.*

Je ne sais pourquoi ce Gouverneur m'intéresse. Le récit de ses chagrins oppresse mon cœur ; il est généreux, clément ; il peut vous pardonner. J'irai moi-même me jeter à ses pieds. Son nom ? Si nous pouvions sortir de cette Isle.

ZAMOR.

Il se nomme Monsieur de Saint-Frémont.

SOPHIE.

Hélas ! ce nom ne m'est point connu ; mais n'importe, il est François : il m'entendra et j'espère le fléchir. *(À Valère.)* Si avec la chaloupe qui les a sauvés, nous pouvions nous conduire au port, il n'y a point de péril que je n'affronte pour les défendre.

VALÈRE.

Je t'admire, ma chère Sophie ! j'approuve ton dessein : nous n'avons qu'à nous rendre auprès de leur Gouverneur. *(Aux Esclaves.)* Mes amis, cette démarche nous acquitte faiblement envers vous. Heureux si nos prières et nos larmes touchent votre généreux Maître ! Partons, mais que vois-je des esclaves qui nous examinent et qui viennent avec précipitation vers nous. Ils apportent des chaînes.

SOPHIE.

Malheureux, vous êtes perdus !

ZAMOR, *se retourne, et voyant les Esclaves.*

Mirza, c'en est fait ! nous sommes découverts.

Scène IX.

LES PRÉCÉDENS, UN INDIEN, *plusieurs Esclaves qui descendent du rocher en courant.*

L'INDIEN, *à Zamor.*

SCÉLÉRAT ! enfin, je te trouve ; tu n'échapperas pas au supplice.

MIRZA.

Qu'on me fasse mourir avant lui !

ZAMOR.

Ô ma chère Mirza !

L'INDIEN.

Qu'on les enchaîne.

VALÈRE.

Monsieur, écoutez nos prières ! Qu'allez-vous faire de ces esclaves ?

L'INDIEN.

Un exemple terrible.

SOPHIE.

Vous les emmenez pour les faire mourir ? Vous nous ôterez plutôt la vie, avant de les arracher de nos bras.

VALÈRE.

Que fais-tu ? ma chère Sophie ! Nous pouvons tout espérer de l'indulgence du Gouverneur.

ACTE PREMIER.

L'INDIEN.

Ne vous en flattez pas. Monsieur le Gouverneur doit un exemple à la Colonie. Vous ne connaissez point cette maudite race ; ils nous égorgeraient sans pitié si la voix de l'humanité nous parlait en leur faveur. Voilà ce qu'on doit toujours attendre même des Esclaves qu'on instruit. Ils sont nés pour être sauvages, et domptés comme les animaux.

SOPHIE.

Quel affreux préjugé ! La Nature ne les a point faits Esclaves ; ils sont hommes comme vous.

L'INDIEN.

Quel langage tenez-vous là, Madame ?

SOPHIE.

Le même que je tiendrais à votre Gouverneur. C'est par reconnaissance que je m'intéresse à ces infortunés, qui connaissent mieux que vous les droits de la pitié, et celui dont vous tenez la place était sans doute un homme atroce.

ZAMOR.

Ah ! Madame, cessez de le prier ; son âme est endurcie et ne connaît point l'humanité. Il est de son emploi de signaler tous les jours cette rigueur. Il croirait manquer à son devoir, s'il ne la poussait pas jusqu'à la cruauté.

L'INDIEN.

Malheureux !

ZAMOR.

Je ne te crains plus. Je connais mon sort et je le subirai.

SOPHIE.

Que leur malheur les rend intéressants ! Que ne ferais-je point pour les sauver !

VALÈRE, *à l'Indien.*

Emmenez-nous, Monsieur, avec eux. Vous nous obligerez de nous retirer d'ici. *(À part.)* J'espère fléchir le Gouverneur.

L'INDIEN.

J'y consens avec plaisir, d'autant plus que le danger pour sortir de cette Isle n'est pas le même que pour y arriver.

VALÈRE.

Mais, Monsieur, comment avez-vous pu y aborder ?

L'INDIEN.

J'ai tout risqué pour le bien de la Colonie. Voyez s'il est possible de leur faire grâce. Nous ne sommes plus les Maîtres de nos Esclaves. Les jours de notre Gouverneur sont peut-être en danger, et ces deux misérables ne seront pas plutôt punis, que le calme renaîtra dans les habitations. *(Aux Nègres.)* Nègres, qu'on tire le canon, et que le signal convenu annonce au Fort que les criminels sont pris.

ZAMOR.

Allons, Mirza, allons mourir.

MIRZA.

Ah ! Dieu ! je suis cause de ta mort.

ZAMOR.

La bonne action que nous avons faite en sauvant ces Étrangers jettera quelques charmes sur nos derniers moments, et nous goûterons au moins la douceur de mourir ensemble.

On emmène Zamor et Mirza ; les autres personnages les suivent, et tous vont s'embarquer. Un instant après on voit passer le navire qui les porte.

Fin du premier Acte.

ACTE II.

Le Théâtre change et représente un Salon de Compagnie meublé à l'Indienne.

Scène PREMIÈRE.
BETZI, AZOR.

BETZI.

EH bien, Azor, que dit-on de Mirza et de Zamor ? On les fait chercher partout.

AZOR.

On parle de les faire mourir sur le rocher de l'habitation ; je crois même qu'on fait les préparatifs de leur supplice. Je tremble qu'on ne les trouve.

BETZI.

Mais, Monsieur le Gouverneur peut leur faire grâce. Il en est le maître.

AZOR.

Il faut que cela soit impossible ; car il aime Zamor, et il dit qu'il n'a jamais eu à se plaindre de lui. Toute la Colonie demande leur mort, et il ne peut la refuser sans se compromettre.

BETZI.

Notre Gouverneur n'était point fait pour être un tyran.

AZOR.

Comme il est bon avec nous ! Tous les François sont de même ; mais les Naturels du pays sont bien plus cruels.

BETZI.

L'on m'a assuré que dans les premiers temps nous n'étions pas esclaves.

AZOR.

Tout nous porte à le croire. Il y a encore des climats où les Nègres sont libres.

BETZI.

Qu'ils sont heureux !

AZOR.

Ah ! nous sommes bien à plaindre.

BETZI.

Et personne ne prend notre défense ! On nous défend même de prier pour nos semblables.

AZOR.

Hélas ! le père et la mère de la malheureuse Mirza seront témoins du supplice de leur fille.

BETZI.

Quelle férocité !

AZOR.

Voilà comme on nous traite.

BETZI.

Mais, dis-moi, Azor, pourquoi Zamor a-t-il tué l'Intendant ?

AZOR.

On m'a assuré que c'était par jalousie. Tu sais bien que Zamor était l'amant de Mirza.

BETZI.

Oui, c'est toi qui me l'as appris.

AZOR.

Le Commandeur l'aimait aussi.

BETZI.
Mais il ne devait point le tuer pour cela.

AZOR.
Il est vrai.

BETZI.
Il y avait d'autre raisons.

AZOR.
Cela se peut bien, mais je les ignore.

BETZI.
Si on pouvait les faire échapper, je suis sûre que Monsieur et Madame de St-Frémont n'en seraient pas fâchés.

AZOR.
Je le crois bien, mais ceux qui les serviraient s'exposeraient beaucoup.

BETZI.
Sans doute ; mais il n'y aurait pas punition de mort.

AZOR.
Peut-être, je sais bien toujours que je ne m'y exposerais pas.

BETZI.
Il faudrait du moins parler à leurs amis ; ils pourraient gagner les autres esclaves. Ils aiment tous Zamor et Mirza.

AZOR.
On parle de faire mettre le régiment sous les armes.

BETZI.
Il n'y a plus d'espoir.

AZOR.
Nous devons au contraire, pour le bien de nos camarades, les

exhorter à l'obéissance.

BETZI.

Tu as raison : fais-le si tu peux, car je n'en aurais jamais la force.

Scène II.
LES PRÉCÉDENTS, CORALINE.

CORALINE, *en courant.*

Ô mes chers camarades ! quelle mauvaise nouvelle je viens vous apprendre ! On assure qu'on a entendu le canon et que Zamor et Mirza sont pris.

AZOR.

Allons donc, cela n'est pas possible, Coraline.

BETZI.

Grand Dieu !

CORALINE.

J'étais sur le port au moment qu'on annonçait cette malheureuse nouvelle. Plusieurs Colons attendaient avec impatience un navire qu'on découvrait dans le lointain. Il est enfin entré au port, et aussitôt tous les habitants l'ont entouré, et moi, toute tremblante, je me suis enfuie. Pauvre Mirza ! malheureux Zamor ! nos tyrans ne leur feront pas grâce.

AZOR.

Oh ! je t'en réponds bien ; ils seront bientôt morts.

BETZI.

Sans être entendus ? sans être jugés ?

CORALINE.

Jugés ! il nous est défendu d'être innocents et de nous justifier.

AZOR.

Quelle générosité ! et on nous vend par-dessus au marché comme des bœufs.

BETZI.

Un commerce d'hommes ! Ô Ciel ! l'humanité répugne.

AZOR.

C'est bien vrai, mon père et moi avons été achetés à la Côte de Guinée.

CORALINE.

Bon, bon, mon pauvre Azor, va, quelque soit notre déplorable sort, j'ai un pressentiment que nous ne serons pas toujours dans les fers, et peut-être avant peu…

AZOR.

Eh bien ! qu'est-ce que nous verrons ? Serons-nous maîtres à notre tour ?

CORALINE.

Peut-être ; mais non, nous serions trop méchants. Tiens, pour être bon, il ne faut être ni maître ni esclave.

AZOR.

Ni maître, ni esclave ; oh ! oh ! et que veux-tu donc que nous soyons ? Sais-tu, Coraline, que tu ne sais plus ce que tu dis, quoique nos camarades assurent que tu en sais plus que nous ?

CORALINE.

Va, va, mon pauvre garçon, si tu savais ce que je sais ! J'ai lu dans un certain Livre, que pour être heureux il ne fallait qu'être libre et bon Cultivateur. Il ne nous manque que la liberté, qu'on nous la donne, et tu verras qu'il n'y aura plus ni maîtres ni esclaves.

AZOR.

Je ne t'entends pas.

BETZI.

Ni moi non plus.

CORALINE.

Mon Dieu, que vous êtes bons l'un et l'autre ! Dites-moi, Zamor n'avait-il pas sa liberté ? A-t-il pour cela voulu quitter notre bon Maître ; nous ferons tous la même chose. Que les Maîtres donnent la liberté, aucun esclave ne quittera les ateliers. Insensiblement les plus sauvages d'entre nous s'instruiront, reconnaîtront les lois de l'humanité et de la justice, et nos supérieurs trouveront dans notre attachement, dans notre zèle, la récompense de ce bienfait.

AZOR.

Tu parles comme un homme ! Je crois entendre M. le Gouverneur… Oh ! qu'il faut avoir de l'esprit pour retenir tout ce que les autres disent. Mais, voici Madame.

BETZI.

Voici Madame, taisons-nous.

CORALINE.

Il ne faut pas dire à Madame que l'on craint que Zamor ne soit pris. Cela lui ferait trop de peine.

AZOR.

Oh ! oui.

Scène III.
LES PRÉCÉDENTS, Mme DE ST-FRÉMONT.

MME DE SAINT-FRÉMONT.

Mes enfants, j'ai besoin d'être seule. Laissez-moi, et n'entrez point que je ne vous appelle, ou que vous n'ayez quelque nouvelle à m'annoncer. (Ils sortent.)

Scène IV.

MME DE SAINT-FRÉMONT, *seule.*

MON époux est sorti pour cette malheureuse affaire : il est allé dans une des habitations où l'on demandait sa présence. Depuis cette catastrophe la révolte règne dans l'esprit de nos esclaves. Tous soutiennent que Zamor est innocent et qu'il n'a tué le Commandeur que parce qu'il s'y est vu forcé ; mais les Colons se sont réunis pour demander la mort de Mirza et de Zamor, et on les fait chercher partout. Mon mari voudrait bien faire grâce à Zamor, quoiqu'il ait prononcé son arrêt, ainsi que celui de la pauvre Mirza, qui doit périr avec son amant. Hélas ! l'attente de leur supplice me jette dans une tristesse profonde. Je ne suis donc pas née pour être heureuse ! En vain je suis adorée de mon époux : mon amour ne peut vaincre la mélancolie qui le consume. Depuis plus de dix ans il souffre, et je ne puis deviner la cause de sa douleur. C'est le seul de ses secrets dont je ne sois pas dépositaire. Il faut, lorsqu'il sera de retour, que je redouble d'efforts pour le lui arracher. Mais je l'entends.

Scène V.
Mme DE SAINT-FRÉMONT, M. DE SAINT-FRÉMONT.

MME DE SAINT-FRÉMONT.

EH bien ! mon ami, votre présence a-t-elle dissipé cette fermentation ?

M. DE SAINT-FRÉMONT.

Tous mes esclaves sont rentrés dans leur devoir ; mais ils me demandent la grâce de Zamor. Cette affaire est bien délicate, *(À part.)* et pour comble de malheurs, je viens de recevoir de France des nouvelles qui me déchirent le cœur.

MME DE SAINT-FRÉMONT.

Que dis-tu, mon ami, tu sembles te faire des reproches. Ah ! si tu n'es coupable qu'envers moi, je te pardonne tout pourvu que ton cœur me reste. Tu détournes les yeux ; je vois couler tes larmes. Ah ! mon ami, je n'ai plus votre confiance ; je vous deviens importune ;

je vais me retirer.

M. DE SAINT-FRÉMONT.

Toi, me devenir importune ! jamais, jamais. Ah ! si j'avais pu m'écarter de mon devoir, ta seule douceur me ramènerait à tes pieds, et tes grandes vertus me rendraient encore plus amoureux de tes charmes.

Mᵐᵉ DE SAINT-FRÉMONT.

Mais tu me caches un secret ennui. Avoue-le moi. Tes soupirs étouffés me le font soupçonner. La France te fut chère ; c'est ta Patrie… Peut-être une inclination…

M. DE SAINT-FRÉMONT.

Arrête, arrête, chère épouse, et ne viens point r'ouvrir une plaie qui s'était fermée auprès de toi. Je crains de t'affliger.

Mᵐᵉ DE SAINT-FRÉMONT.

Si je te fus chère, il faut m'en donner une preuve.

M. DE SAINT-FRÉMONT.

Laquelle exiges-tu ?

Mᵐᵉ DE SAINT-FRÉMONT.

Celle de me révéler les causes de ton affliction.

M. DE SAINT-FRÉMONT.

Tu le veux ?

Mᵐᵉ DE SAINT-FRÉMONT.

Je l'exige ; fais-toi pardonner, par cette complaisance, ce secret que tu m'as gardé si long-tems.

M. DE SAINT-FRÉMONT.

J'obéis. Je suis d'une Province où des lois injustes et inhumaines privent les enfants cadets du partage égal que la Nature donne aux enfants nés du même père et de la même mère. J'étais le plus jeune de sept ; mes parents m'envoyèrent à la Cour pour y demander de l'emploi ; mais comment aurais-je pu réussir dans un pays où la vertu est une chimère, et où l'on n'obtient rien sans intrigue ni bassesse. Cependant, j'y fis la connaissance d'un brave Gentilhomme Écossais qui y était venu dans le même dessein. Il n'était pas riche, et avait une fille au Couvent : il m'y mena. Cette entrevue nous devint funeste à tous les deux. Le père, au bout de quelques mois, partit pour l'armée : il me recommanda d'aller voir sa fille, et dit même qu'on pouvait me la confier quand elle voudrait sortir. Ce brave ami, ce bon père, ne prévoyait pas les suites que son imprudence occasionna. Il fut tué dans une bataille. Sa fille resta seule dans le monde, sans parents et sans connaissances. Elle ne voyait que moi, et paraissait ne désirer que ma présence. L'amour me rendit coupable : Épargne-moi le reste : je fis le serment d'être son époux ; voilà mon crime.

Mᵐᵉ DE SAINT-FRÉMONT.

Mais, mon ami, vous êtes-vous déterminé vous-même à l'abandonner ?

M. DE SAINT-FRÉMONT.

Qui, moi ? avoir abandonné une femme si intéressante ? Ah ! la plus longue absence ne me l'aurait jamais fait oublier. Je ne pouvais l'épouser sans le consentement de tous mes parents. Elle devint mère d'une fille. On découvrit notre liaison ; je fus éloigné. On obtint pour moi un brevet de Capitaine dans un régiment qui partait pour l'Inde, et l'on me fit embarquer. Peu de temps après on me donna la fausse nouvelle que Clarisse était morte, et qu'il ne me restait que ma fille. Je te voyais tous les jours ; ta présence affaiblit avec le temps l'impression que l'image de Clarisse faisait encore sur mon cœur. Je sollicitai ta main, tu acceptas mes vœux, et nous fûmes unis ; mais par un raffinement de barbarie, le cruel parent qui m'avait trompé m'apprit que Clarisse vivait encore.

Mᵐᵉ DE SAINT-FRÉMONT.

Hélas ! à quel funeste prix j'ai le bonheur d'être ton épouse ! mon ami, tu es plus malheureux que coupable. Clarisse elle-même te pardonnerait, si elle était témoin de tes remords. Il faut faire les plus vives recherches, pour que ton bien et le mien puissent t'acquitter envers ces infortunés. Je n'ai point d'autres parents que les tiens. Je fais ta fille mon héritière ; mais ton cœur est un trésor qu'il n'est pas en mon pouvoir de céder à une autre.

M. DE SAINT-FRÉMONT.

Ah ! digne épouse, j'admire tes vertus. Hélas ! je ne vois que Clarisse qui fut capable de les imiter. C'est donc aux deux extrémités du monde que j'étais destiné à rencontrer ce que le sexe a de plus vertueux et de plus aimable !

Mme DE SAINT-FRÉMONT.

Tu mérites une compagne digne de toi ; mais, mon ami, songe qu'en t'unissant avec moi tu consentis à prendre le nom de mon père, qui, en te donnant son nom, n'avait d'autre but que de te céder sa place comme à son fils adoptif. Il faut écrire à tes parents, surtout à tes plus fidèles amis, qu'ils fassent de nouvelles recherches, et qu'ils nous donnent promptement des nouvelles de ces infortunés. Je crois, mon ami, que j'aurai la force de m'éloigner de vous pour aller chercher moi-même celle à qui vous avez donné le jour. Je sens que j'ai déjà pour elle des entrailles de mère ; mais en même-tems je frémis ! Ô mon ami, mon ami ! s'il fallait me séparer de vous ! Si Clarisse t'arrachait de mes bras !… Ses malheurs, ses vertus, ses charmes… Ah ! pardonne, pardonne à mon désespoir, pardonne-moi, cher époux, tu n'es pas capable de m'abandonner et de faire deux victimes pour une.

M. DE SAINT-FRÉMONT.

Chère épouse ! Ô moitié de moi-même ! Cesse de déchirer ce cœur déjà trop affligé. Clarisse ne vit plus sans doute, puisque depuis deux ans on me fait repasser tous les fonds que j'envoie en France pour elle et pour ma fille. On ignore même ce qu'elles sont devenues. Mais l'on vient ; nous reprendrons cette conversation.

Scène VI.
M. ET Mme DE SAINT-FRÉMONT, UN JUGE.

LE JUGE.

Monsieur, je viens vous apprendre que les criminels sont pris.

Mᵐᵉ DE SAINT-FRÉMONT.

Comment ! sitôt ! le temps aurait pu effacer leur crime.

M. DE SAINT-FRÉMONT, *affligé.*

Quel affreux exemple je suis obligé de donner !

LE JUGE.

Rappelez-vous, Monsieur, dans cette circonstance la disgrâce de votre beau-père. Il fut contraint de quitter sa place pour l'avoir exercée avec trop de bonté.

M. DE SAINT-FRÉMONT, *à part.*

Malheureux Zamor, tu vas périr ! je n'ai donc élevé ton enfance que pour te voir un jour traîner au supplice. *(Haut.)* Que mes soins lui deviennent funestes ! si je l'avais laissé dans ses mœurs sauvages, il n'aurait peut-être pas commis ce crime. Il n'avait point dans l'âme des inclinations vicieuses. L'honnêteté et la vertu le distinguaient dans le sein de l'esclavage. Élevé dans une vie simple et laborieuse, malgré l'instruction qu'il avait reçue, il n'oubliait jamais son origine. Qu'il me serait doux de pouvoir le justifier ! Comme simple habitant, j'aurais pu peut-être adoucir son arrêt ; mais, comme Gouverneur, je suis forcé de le livrer à toute la rigueur des lois.

LE JUGE.

Il est nécessaire qu'on exécute sur-le-champ leur arrêt, d'autant plus que deux Européens ont excité une révolte générale parmi les Esclaves. Ils ont dépeint votre Commandeur comme un monstre. Les Esclaves ont écouté avec avidité ces discours séditieux, et tous ont promis de ne point exécuter les ordres qui leur ont été donnés.

M. DE SAINT-FRÉMONT.

Quels sont ces étrangers ?

LE JUGE.

Ce sont des François qu'on a trouvés sur la côte où ces criminels s'étaient réfugiés. Ils prétendent que Zamor leur a conservé la vie.

M. DE SAINT-FRÉMONT.

Hélas ! ces malheureux François sans doute ont fait naufrage, et la reconnaissance a produit seule ce zèle indiscret.

LE JUGE.

Vous voyez, Monsieur le Gouverneur, qu'il n'y a point de temps à perdre, si vous voulez éviter la ruine totale de nos habitations. C'est un mal désespéré.

M. DE SAINT-FRÉMONT.

Je n'ai point le bonheur d'être né dans vos climats ; mais quel empire n'ont point les malheureux sur les âmes sensibles ! Ce n'est point votre faute si les mœurs de votre pays vous ont familiarisé avec ces traitements durs que vous exercez sans remords sur des hommes qui n'ont d'autre défense que leur timidité, et dont les travaux, trop mal récompensés, accroissent notre fortune en augmentant notre autorité sur eux. Ils ont mille tyrans pour un. Les Souverains rendent leurs Peuples heureux : tout Citoyen est libre sous un bon Maître, et dans ce pays d'esclavage il faut être barbare malgré soi. Eh ! comment puis-je m'empêcher de me livrer à ces réflexions, quand la voix de l'humanité crie au fond de mon cœur : « Sois bon et sensible aux cris des malheureux. » Je sais que mon opinion doit vous déplaire : l'Europe, cependant, prend soin de la justifier, et j'ose espérer qu'avant peu il n'y aura plus d'esclaves. Ô Louis ! Ô Monarque adoré ! que ne puis-je en ce moment mettre sous tes yeux l'innocence de ces proscrits ! En accordant leur grâce, tu rendrais la liberté à des hommes trop longtemps méconnus ; mais n'importe : vous voulez un exemple, il se fera, quoique les Noirs assurent que Zamor est innocent.

LE JUGE.

Pouvez-vous les en croire ?

ACTE II.

M. DE SAINT-FRÉMONT.

Ils ne peuvent m'en imposer, et je connais plus qu'eux les vertus de Zamor. Vous voulez qu'il meure sans être entendu ? J'y consens avec regret ; mais vous n'aurez point à me reprocher d'avoir trahi les intérêts de la Colonie.

LE JUGE.

Vous le devez, Monsieur le Gouverneur, dans cette affaire où vous voyez que nous sommes menacés d'éprouver une révolte générale. Il faut donner des ordres pour faire mettre les troupes sous les armes.

M. DE SAINT-FRÉMONT.

Suivez-moi ; nous allons voir le parti qu'il faut prendre.

Mme DE SAINT-FRÉMONT.

Mon ami, je vous vois sortir avec peine.

M. DE SAINT-FRÉMONT.

Ma présence est nécessaire pour rétablir l'ordre et la discipline.

Scène VII.
Mme DE SAINT-FRÉMONT, *seule.*

QUE je plains ces malheureux ! c'en est fait ! Ils vont mourir. Quel chagrin pour mon époux ; mais un plus grand chagrin m'agite de nouveau. Tout ce qui porte le nom de Françoise m'épouvante ! Si c'était Clarisse ! Oh ! malheureuse, quel serait mon sort. Je connais les vertus de mon époux, mais je suis sa femme. Non, non ! cessons de nous abuser ! Clarisse, dans le malheur, a de plus grands droits sur son âme ! Cachons le trouble qui m'agite.

Scène VIII.
Mme DE SAINT-FRÉMONT, BETZI, *accourant.*

Mme DE SAINT-FRÉMONT.

Qu'y-a-t-il de nouveau, Betzi ?

BETZI, *avec exaltation.*

Monsieur le Gouverneur n'est point ici ?

Mme DE SAINT-FRÉMONT.

Non, il vient de sortir, parle donc ?

BETZI.

Ah ! laissez-moi reprendre mes sens… Nous étions sur la terrasse ; de temps en temps nous jetions tristement les yeux vers l'habitation. Nous voyons arriver de loin le père de Mirza avec un autre Esclave ; au milieu d'eux était une étrangère, les cheveux épars et la douleur peinte sur son visage : ses yeux étaient fixés vers la terre, et quoiqu'elle marchât vite, elle avait l'air fort occupée. Lorsqu'elle a été près de nous, elle a demandé Mme de Saint-Frémont. Elle nous a appris que Zamor l'a sauvée de la fureur des flots. Elle a ajouté : je mourrai aux pieds de M. le Gouverneur, si je n'obtiens sa grâce. Elle veut implorer votre secours. La voici.

Scène IX.
LES PRÉCÉDENTES, SOPHIE, *suivie de tous les esclaves.*

SOPHIE, *se jetant aux genoux de Mme de Saint-Frémont.*

Madame, j'embrasse vos genoux. Ayez pitié d'une malheureuse étrangère qui doit tout à Zamor, et n'a d'autre espoir qu'en vos bontés.

Mme DE SAINT-FRÉMONT, *à part.*

Ah ! je respire. (*Haut, en la relevant.*) Levez-vous, Madame, je vous promets de faire tout ce qui sera en mon pouvoir. (*À part.*) Sa jeunesse, sa sensibilité, touchent mon cœur à un point que je ne puis exprimer. (*À Sophie.*) Étrangère intéressante, je vais tout employer pour vous faire accorder la grâce que vous exigez de mon époux. Croyez que je partage vos douleurs. Je sens combien ces infortunés vous doivent être chers.

SOPHIE.

Sans le secours de Zamor, aussi intrépide qu'humain, je périssais dans les flots. Je lui dois le bonheur de vous voir. Ce qu'il a fait pour moi lui assure dans mon cœur les droits de la Nature ; mais ces droits ne me rendent point injuste, Madame, et le témoignage qu'ils rendent à vos rares qualités fait assez voir qu'ils ne sont point reprochables d'un crime prémédité. Quelle humanité ! Quel zèle à nous secourir ! Le sort qui les poursuit devait plutôt leur inspirer la crainte que la pitié ; mais, loin de se cacher, Zamor a affronté tout péril. Jugez, Madame, si avec ces sentiments d'humanité, un mortel peut être coupable ; son crime fut involontaire, et c'est faire justice que de l'absoudre comme innocent.

Mᴹᴱ DE SAINT-FRÉMONT, *aux Esclaves.*

Mes enfants, il faut nous réunir avec les Colons, et demander la grâce de Zamor et de Mirza. Nous n'avons pas de temps à perdre : *(À Sophie.)* et vous, que je brûle de connaître, vous êtes Françoise, peut-être pourriez-vous… mais les moments nous sont chers. Retournez auprès de ces infortunés ; Esclaves, accompagnez ses pas.

SOPHIE, *transportée.*

Ah ! Madame, que de bienfaits à la fois ! Hélas ! je voudrais, autant que je le désire, vous prouver ma reconnaissance. *(elle lui baise les mains.)* Bientôt mon époux viendra s'acquitter envers vous de son devoir. Cher Valère, quelle heureuse nouvelle je vais t'apprendre ! *(Elle sort avec les Esclaves)*

Scène X.
Mᵐᵉ DE SAINT-FRÉMONT, BETZI, CORALINE.

Mᴹᴱ DE SAINT-FRÉMONT, *à part.*

JE trouve dans les traits de cette Étrangère une ressemblance… Quelle chimère !… *(Haut.)* Et vous, Coraline, faites venir le Secrétaire de M. de Saint-Frémont.

CORALINE.

Ah ! Madame, vous ignorez ce qui se passe : il vient de faire fermer vos portes par ordre de M. le Gouverneur. Tout est livré aux flammes… Entendez, Madame… On bat la générale… et le son des cloches… (*On doit entendre la générale dans le lointain.*)

MME DE SAINT-FRÉMONT, *allant avec frayeur au fond du Théâtre.*

Malheureuse ! que vais-je devenir ? Que fait mon mari ?

BETZI.

Je tremble pour mes camarades.

MME DE SAINT-FRÉMONT, *livrée à la plus grande douleur.*

Dieu, mon époux est peut-être en danger ! Je vole à son secours…

CORALINE.

Rassurez-vous, Madame, il n'y a rien à craindre pour M. le Gouverneur. Il est à la tête du régiment. Mais quand même il serait au milieu du tumulte, tous les Esclaves respecteraient ses jours. Il en est trop chéri pour qu'aucun voulût lui faire du mal. C'est seulement à quelques habitants que les Esclaves en veulent : ils leur reprochent le supplice de Zamor et de Mirza ; ils assurent que sans eux on ne les aurait pas condamnés.

MME DE SAINT-FRÉMONT, *agitée.*

Comment ! on va les faire mourir.

CORALINE.

Hélas ! bientôt mes pauvres camarades ne seront plus.

MME DE SAINT-FRÉMONT, *avec empressement.*

Non, mes enfants, ils ne périront point : mon mari sera touché de mes larmes, du désespoir de cette Étrangère, qui, peut-être mieux que moi, saura l'émouvoir. Son cœur n'a pas besoin d'être sollicité pour faire le bien ; mais il peut tout prendre sur lui. (*À part.*) Et si cette Françoise lui donnait des renseignements sur sa fille ! Grand Dieu ! il devrait tout à ces victimes que l'on traîne au supplice. *(Haut.)*Allons, Betzi, il faut joindre mon mari, lui dire… Mais dans ce moment, comment entrer en explication ? Il faut que je le voie moi-même. Où est-il maintenant ?

CORALINE.

Je ne sais précisément avec quel régiment il est : toute l'armée est dispersée. On dit seulement que M. de Saint-Frémont ramène le calme et remet l'ordre partout où il passe. Il serait bien difficile de le trouver dans ce moment. Il n'y a qu'à nous rendre dans l'habitation, si déjà on ne nous y a pas devancées. Mais les chemins sont rompus ou coupés. On conçoit à peine qu'on ait pu faire tant de dégâts en si peu de temps.

Mme DE SAINT-FRÉMONT.

N'importe ; je ne crains ni le danger ni la fatigue, quand il s'agit de sauver les jours de deux infortunés.

Fin du deuxième Acte.

ACTE III.

Le Théâtre représente un lieu sauvage où l'on voit deux collines en pointes, et bordées de touffes d'arbrisseaux qui s'étendent à perte de vue. Sur un des côtés est un rocher escarpé, dont le sommet est une plateforme, et dont la base est perpendiculaire sur le bord de l'avant-scène. On y monte du côté d'une des collines, de manière que les Spectateurs y peuvent voir arriver tous les Personnages. On voit deçà et delà quelques cabanes de Nègres éparses.

Scène PREMIÈRE.
VALÈRE, ZAMOR, MIRZA.

VALÈRE.

Vous voilà libres ! je vole à la tête de vos camarades. Mon épouse ne tardera pas long-tems à reparaître à nos yeux. Elle aura sans doute obtenu votre grâce de M. de Saint-Frémont. Je vous quitte pour un instant, et ne vous perds point de vue.

Scène II.
ZAMOR, MIRZA.

ZAMOR.

QUE notre sort est déplorable, ô ma chère Mirza ! Il devient d'autant plus affreux, que je crains que le zèle de ce François à vouloir nous sauver ne le perde lui-même ainsi que son épouse. Quelle idée accablante !

MIRZA.

Elle me poursuit aussi : mais peut-être sa digne épouse aura pu fléchir notre Gouverneur, ne nous affligeons point avant son retour.

ZAMOR.

Je bénis mon trépas, puisque je meurs avec toi ; mais, qu'il est cruel de perdre la vie en coupable ! on m'a jugé tel, notre bon maître le croit ; voilà ce qui me désespère.

MIRZA.

Je veux voir moi-même M. le Gouverneur. Cette dernière volonté doit m'être accordée. Je me jetterai à ses pieds ; je lui révélerai tout.

ZAMOR.

Hélas ! que pourras-tu lui dire ?

MIRZA.

Je lui ferai connaître la cruauté de son Commandeur et de son amour féroce.

ZAMOR.

Ta tendresse pour moi t'aveugle : tu veux t'accuser pour me rendre innocent ! si tu dédaignes la vie à ce prix, m'en crois-tu assez avare pour vouloir la conserver aux dépens de tes jours ? Non, ma chère Mirza, il n'y a point de bonheur pour moi sur la terre, si je ne le partage avec toi.

ACTE III.

MIRZA.

Je pense de même, je ne pourrais plus vivre sans te voir.

ZAMOR.

Qu'il nous aurait été doux de prolonger nos jours ensemble ! ces lieux me rappellent notre première entrevue. C'est ici que le tyran reçut la mort ; c'est ici qu'on va terminer notre carrière. La Nature semble en ces lieux être en contraste avec elle-même. Jadis elle nous paraissait riante : elle n'a rien perdu de ses attraits ; mais elle nous montre à la fois l'image de de notre bonheur passé et de l'horrible sort dont nous serons les victimes. Ah ! Mirza, qu'il est cruel de mourir quand on aime.

MIRZA.

Que tu m'attendris ! ne m'afflige pas davantage. Je sens que mon courage m'abandonne ; mais ce bon François revient à nous ; que va-t-il nous apprendre ?

Scène III.
ZAMOR, MIRZA, VALÈRE.

VALÈRE.

Ô mes bienfaiteurs ! Il faut vous sauver. Profitez de ces instants précieux que vos camarades vous procurent. Ils bouchent les chemins, répondez à leur zèle et à leur courage ; ils s'exposent pour vous, fuyez dans un autre climat. Il se peut que mon épouse n'obtienne pas votre grâce. On voit plusieurs troupes de soldats s'approcher d'ici : vous avez le temps d'échapper par cette colline. Allez, vivez dans les forêts : vos semblables vous ouvriront leur sein.

MIRZA.

Ce François a raison. Viens, suis-moi. Il nous aime ; profitons de ses conseils. Cours avec moi, cher Zamor ; ne crains point de revenir habiter dans le fond des forêts. À peine tu te rappelles nos lois, et bientôt ta chère Mirza t'en retracera la douce image.

ZAMOR.

Eh bien ! je cède. Ce n'est que pour toi que je chéris la vie. *(Il embrasse Valère.)* Adieu, le plus généreux des hommes !

MIRZA.

Hélas ! il faut donc que je vous quitte sans avoir le bonheur de me jeter aux pieds de votre épouse !

VALÈRE.

Elle partagera vos regrets, n'en doutez point ; mais fuyez des lieux trop funestes.

Scène IV.
LES PRÉCÉDENTS, SOPHIE, ESCLAVES.

SOPHIE, *se précipitant dans les bras de Valère.*

AH ! mon ami, remercions le Ciel : ces victimes ne périront point. Madame de Saint-Frémont m'a promis leur grâce.

VALÈRE, *avec joie.*

Grand Dieu ! quel comble de bonheur !

ZAMOR.

Ah ! je reconnais à ce procédé sa belle âme. *(À Valère.)* Étrangers généreux, que le Ciel comble vos désirs ! L'Être suprême n'abandonne jamais ceux qui cherchent à lui ressembler par la bienfaisance.

VALÈRE.

Ah ! que vous rendez nos jours fortunés !

MIRZA.

Que nous sommes heureux d'avoir secouru ces François ! Ils nous doivent beaucoup ; mais nous leur devons encore plus.

SOPHIE.

Madame de Saint-Frémont a fait assembler ses meilleurs amis.

Je l'ai instruite de leur innocence ; elle met tout le zèle possible à les sauver. Je n'ai eu aucune peine à l'intéresser en leur faveur ; son âme est si belle, si sensible aux maux des malheureux !

ZAMOR.

Son respectable époux l'égale en mérite et en bonté.

SOPHIE.

Je n'ai pas eu le bonheur de le voir.

ZAMOR, *alarmé.*

Que vois-je ? des soldats qui arrivent en foule ! ah ! c'en est fait ! vous vous êtes abusés, généreux François, nous sommes perdus.

SOPHIE.

Ne vous alarmez point, il faut savoir…

VALÈRE.

Je les défendrai au péril de ma vie. Hélas ! Ils allaient se sauver lorsque tu es venu les rassurer. Je vais savoir de l'Officier qui commande ce détachement, quelle est sa mission.

(*Une Compagnie de Grenadiers et une de Soldats François se rangent au fond du Théâtre, la bayonnette au bout du fusil. En avant d'eux se place une troupe d'Esclaves avec des arcs et des flèches ; ils ont à leur tête le Major, le Juge et l'Intendant des Esclaves de M. de Saint-Frémont.*)

Scène V.
LES PRÉCÉDENTS, LE MAJOR, LE JUGE,
L'INDIEN, *Grenadiers et Soldats François, plusieurs Esclaves.*

VALÈRE.

Monsieur, puis-je vous demander quel sujet vous amène ici ?

LE MAJOR.

Une cruelle fonction. Je viens faire exécuter l'arrêt de mort prononcé contre ces malheureux.

SOPHIE, *troublée.*

Vous allez les faire mourir ?

LE MAJOR.

Oui, Madame.

VALÈRE.

Non, cet affreux sacrifice ne s'exécutera point.

SOPHIE.

Madame de Saint-Frémont m'a promis leur grâce.

LE JUGE, *durement.*

Cela n'est pas en son pouvoir, M. le Gouverneur lui-même ne pourrait la leur accorder. Ainsi, cessez de vouloir vous obstiner à les sauver. Vous rendriez leur supplice plus terrible. *(Au Major.)* Monsieur le Major, exécutez les ordres qui vous ont été donnés, *(Aux Esclaves.)* Et vous, menez les criminels sur le haut du rocher.

LE COMMANDEUR INDIEN.

Tendez vos arcs !

VALÈRE.

Arrêtez ! *(les Esclaves n'écoutent que Valère.)*

LE JUGE.

Obéissez. *(le Major fait signe aux Soldats, ils courent avec la bayonnette, qu'ils présentent à la poitrine de tous les Esclaves, dont aucun ne remue.)*

ZAMOR, *accourant au-devant d'eux.*

Que faites-vous ? j'ai seul mérité la mort. Que vous ont fait mes pauvres camarades ? Pourquoi les égorger ? Tournez vos armes contre moi. *(Il ouvre sa veste.)* Voilà mon sein ! Lavez dans mon sang leur désobéissance. La Colonie ne demande que ma mort. Est-il nécessaire de faire périr tant d'innocentes victimes qui ne sont pas complices de mon crime ?

MIRZA.

Je suis aussi coupable que Zamor, ne me séparez point de lui : par pitié ôtez-moi la vie ; mes jours sont attachés à sa destinée. Je veux mourir la première.

VALÈRE, *au Juge.*

Monsieur, suspendez, je vous prie, leur supplice. Je puis vous assurer qu'on s'occupe de leur grâce.

LE MAJOR, *au Juge.*

Monsieur, nous pouvons prendre ceci sur nous ; attendons le Gouverneur.

LE JUGE, *durement.*

Je n'écoute rien que mon devoir et la loi.

VALÈRE, *furieux.*

Barbare ! quoique ta place endurcisse l'âme, tu la dégrades en la rendant encore plus cruelle que les lois ne te l'ont prescrite.

LE JUGE.

Monsieur le Major, faites conduire cet audacieux à la Citadelle.

LE MAJOR.

C'est un François : il rendra compte de sa conduite à M. le Gouverneur, et je n'ai pas, à cet égard, d'ordres à recevoir de vous.

LE JUGE.

Exécutez donc ceux qui vous ont été donnés.

SOPHIE, *avec héroïsme.*

Cet excès de cruauté me donne du courage. (*Elle court se placer entre Zamor et Mirza, les prend tous les deux par la main, et dit au Juge.*) Barbare ! ôse me faire assassiner avec eux ; je ne les quitte point : rien ne pourra les arracher de mes bras.

VALÈRE, *transporté.*

Ah ! ma chère Sophie, ce trait de courage te rend encore plus chère à mon cœur.

LE JUGE, *au Major.*

Monsieur, faites retirer cette femme audacieuse : vous ne remplissez pas votre devoir.

LE MAJOR, *indigné.*

Vous l'exigez ; mais vous répondrez des faits. *(Aux Soldats.)* Séparez ces étrangers de ces esclaves.

SOPHIE, *jette un cri perçant, en serrant Zamor et Mirza contre son sein.*

VALÈRE, *furieux, courant après Sophie.*

Si l'on emploie la moindre violence contre mon épouse, je ne respecte plus rien. *(Au Juge.)* Et toi, barbare, tremble d'être immolé à ma juste fureur.

UN ESCLAVE.

Dût-on nous faire mourir tous, nous les défendrons.
(Les Esclaves se rangent autour d'eux, et forment un rempart, les Soldats et Grenadiers s'en approchent avec la bayonnette.)

LE MAJOR, *aux Soldats.*

Soldats, arrêtez. *(Au Juge.)* Je ne suis point envoyé ici pour ordonner le carnage et pour répandre du sang, mais pour ramener l'ordre. Le Gouverneur ne sera pas long-tems à paraître, et sa prudence nous indiquera mieux ce que nous devons faire. *(Aux Étrangers et aux Esclaves.)* Rassurez-vous ; je n'emploierai pas la force ; vos efforts seraient inutiles, si je voulais l'exercer. *(À Sophie.)* Et vous, Madame, vous pouvez vous retirer à l'écart avec ces malheureux ; j'attends M. le Gouverneur. *(Sophie, Zamor et Mirza sortent avec quelques Esclaves.)*

Scène VI.
VALÈRE, LE MAJOR, LE JUGE, L'INDIEN, *Grenadiers et Soldats, Esclaves.*

ACTE III.

VALÈRE, *au Major.*

JE ne puis abandonner mon épouse dans cet état. Faites tous vos efforts auprès de M. de Saint-Frémont. Je n'ai pas besoin de vous recommander la clémence ; elle doit régner dans votre âme. Un guerrier fut toujours généreux.

LE MAJOR.

Reposez-vous sur moi ; retirez-vous, et vous paraîtrez quand il en sera temps. *(Valère sort.)*

Scène VII.
LES PRÉCÉDENTS, EXCEPTÉ VALÈRE.

LE MAJOR, *au Juge.*

VOILÀ, Monsieur, le fruit d'une trop grande sévérité.

LE JUGE.

Votre modération perd aujourd'hui la Colonie.

LE MAJOR.

Dites mieux ; elle la sauve peut-être. Vous ne connaissez que vos lois cruelles, et moi, je connais l'art de la guerre et l'humanité. Ce ne sont point nos ennemis que nous combattons ; ce sont nos Esclaves, ou plutôt nos Cultivateurs. Pour les réduire, il eût fallu, suivant vous, les faire passer au fil de l'épée, et dans cette circonstance, une imprudence nous mènerait sans doute plus loin que vous ne pensez.

Scène VIII.
LES PRÉCÉDENTS, M. DE SAINT-FRÉMONT, *entrant d'un côté et Valère de l'autre. Deux Compagnies de Grenadiers et Soldats conduisent plusieurs Esclaves enchaînés.*

VALÈRE, *à M. de Saint-Frémont.*

AH ! Monsieur, écoutez nos prières : vous êtes François, vous serez juste.

M. DE SAINT-FRÉMONT.

J'approuve votre zèle ; mais dans ce climat il devient indiscret ; il a même produit beaucoup de mal. Je viens d'être témoin de l'attentat le plus affreux exercé sur un Magistrat. Il a fallu, contre mon caractère, employer la violence pour arrêter la cruauté des esclaves. Je sais tout ce que vous devez à ces malheureux ; mais vous n'avez pas le droit de les défendre, ni de changer les lois et les mœurs d'un pays.

VALÈRE.

J'ai du moins le droit que la reconnaissance donne à toutes les belles âmes : quelque soit votre sévérité simulée, mon cœur en appelle au vôtre.

M. DE SAINT-FRÉMONT.

Cessez de me prier, il m'en coûte trop pour refuser.

VALÈRE.

Votre digne épouse nous avait fait tout espérer.

M. DE SAINT-FRÉMONT.

Elle-même, Monsieur, est convaincue de l'impossibilité absolue de ce que vous demandez.

VALÈRE.

Si c'est un crime d'avoir tué un monstre qui faisait frémir la nature, ce crime, au moins, est excusable. Zamor défendait sa propre vie, et la défense est de droit naturel.

LE JUGE.

Vous abusez de la complaisance de M. le Gouverneur : on vous l'a déjà dit. Les lois les condamnent comme homicides, pouvez-vous les changer ?

VALÈRE.

Non ; mais on pourrait les adoucir en faveur d'un crime involontaire.

LE JUGE.

Y pensez-vous bien ? les adoucir en faveur d'un esclave ! Nous ne sommes pas ici en France, il nous faut des exemples.

M. DE SAINT-FRÉMONT.

C'en est fait, il faut que l'arrêt s'exécute.

VALÈRE.

Ces paroles glacent mon sang et mon cœur oppressé… Chère épouse, que vas-tu devenir ? Ah ! Monsieur, si vous connaissiez sa sensibilité, ses malheurs, vous en seriez touché ; elle avait mis toutes ses espérances dans vos bontés ; elle se flattait même que vous lui donneriez des renseignements sur le sort d'un parent, son unique appui, dont elle est privée depuis son enfance, et qui doit être établi dans quelque partie de ce Continent.

M. DE SAINT-FRÉMONT.

Soyez assuré que je vous servirai de tout ce qui sera en mon pouvoir ; mais, quant aux criminels, je ne puis rien faire pour eux. Malheureux Étranger ! allez la consoler : elle m'intéresse sans la connaître. Trompez-la même, s'il est nécessaire, pour qu'elle ne soit pas témoin de cet affreux supplice : dites-lui que l'on veut interroger ces malheureux, qu'il faut les laisser seuls, et que leur grâce dépend peut-être de cette sage précaution.

VALÈRE, *pleurant.*

Que nous sommes à plaindre ! Je ne survivrai pas à leur perte. *(Il sort.)*

Scène IX.
LES PRÉCÉDENTS, EXCEPTÉ VALÈRE.

M. DE SAINT-FRÉMONT.

QUE ce François m'afflige ! ses regrets en faveur de ces infortunés augmentent les miens. Il faut donc qu'ils meurent, et malgré mon penchant à la clémence… *(Avec réflexion.)* Zamor a sauvé cette étrangère ; elle est Françoise, et si j'en crois son époux, elle cherche un parent qui habite ce climat. Aurait-il craint de s'expliquer ? Sa douleur, ses recherches, ses malheurs… Infortunée, si c'était… où la nature va-t-elle m'égarer ! Et pourquoi m'en étonner ? L'aventure de cette Étrangère a tant de rapport avec celle de ma fille… et mon cœur ulcéré voudrait la retrouver en elle. C'est le sort des malheureux de se bercer d'espérance, et de trouver de la consolation dans les moindres rapports.

LE JUGE.
Monsieur le Major, faites avancer vos Soldats. *(À l'Indien.)* Monsieur le Commandeur, conduisez les Esclaves, et faites les ranger suivant l'usage.

(L'Indien sort avec les Esclaves armés, tandis qu'une troupe d'autres viennent se jeter aux pieds de M. de Saint-Frémont.)

Scène X.
LES PRÉCÉDENTS EXCEPTÉ L'INDIEN. *Les Esclaves armés sont remplacés par les Esclaves sans armes.*

UN ESCLAVE, *à genoux.*
MONSEIGNEUR, nous n'avons pas été du nombre des rebelles. Qu'il nous soit permis de demander la grâce de nos camarades ! Que pour racheter leur vie on nous fasse éprouver les châtiments les plus terribles ! qu'on augmente nos travaux pénibles, et qu'on diminue nos aliments ; nous supporterions cette punition avec courage. Monseigneur, vous vous attendrissez, je vois couler vos pleurs.

M. DE SAINT-FRÉMONT.
Mes enfants, mes amis, que me proposez-vous ? *(Au Juge.)* Que voulez-vous que je réponde à ce trait d'héroïsme ? Ah ! Ciel ! ils montrent tant de grandeur d'âme, et nous osons les regarder comme les derniers des humains ! Hommes civilisés ! vous vous croyez supérieurs à des Esclaves ! De l'opprobre et de l'état le plus vil, l'équité, le courage, les élèvent en un instant au rang des plus généreux mortels. Vous en avez l'exemple devant les yeux.

LE JUGE.

Ils connaissent bien votre cœur ; mais vous ne pouvez céder à votre penchant sans compromettre votre dignité. Je les connais mieux que vous ; ils promettent tout dans ces moments ; d'ailleurs, ces criminels ne sont plus en votre puissance, ils sont livrés à la rigueur des lois.

M. DE SAINT-FRÉMONT.

Eh bien ! je vous les abandonne. Hélas ! les voici. Où me cacher ? Que ce devoir est cruel !

Scène XI.
LES Précédents, L'INDIEN, ZAMOR, MIRZA, *les Esclaves armés.*

ZAMOR.

IL n'y a plus d'espérance ; nos bienfaiteurs sont entourés de soldats. Embrasse-moi pour la dernière fois, ma chère Mirza !

MIRZA.

Je bénis mon sort, puisque le même supplice nous réunit. (*À un vieillard et une vieille Esclave.*) Adieu, chers auteurs de mes jours ; ne pleurez plus votre pauvre Mirza, elle n'est plus à plaindre. (*Aux Esclaves de son sexe.*) Adieu, mes compagnes.

ZAMOR.

Esclaves, Colons, écoutez-moi : j'ai tué un homme, j'ai mérité la mort ; ne regrettez point mon supplice, il est nécessaire au bien de la Colonie. Mirza est innocente ; mais elle chérit son trépas. (*Aux Esclaves particulièrement.*) Et vous, mes chers amis, écoutez-moi à mon dernier moment. Je quitte la vie, je meurs innocent ; mais craignez de vous rendre coupables pour me défendre : craignez surtout cet esprit de faction, et ne vous livrez jamais à des excès pour sortir de l'esclavage ; craignez de briser vos fers avec trop de violence ; attendez tout du temps et de la justice divine, remplacez nous auprès de M. le Gouverneur, de sa respectable épouse. Payez-les par votre zèle et par votre attachement de tout ce que je leur dois. Hélas ! je ne puis m'acquitter envers eux. Chérissez ce bon Maître, ce bon père, avec une tendresse filiale, comme je l'ai toujours fait. Je mourrais content si je pourrais croire du moins qu'il me regrette ! *(Il se jette à ses pieds.)* Ah ! mon cher Maître, m'est-il permis encore de vous nommer ainsi ?

M. DE SAINT-FRÉMONT, *avec une vive douleur.*
Ces paroles me serrent le cœur. Malheureux ! qu'as-tu fait ? va, je ne t'en veux point, je souffre assez du fatal devoir que je remplis.

ZAMOR, *s'incline et lui baise les pieds.*
Ah ! mon cher maître, la mort n'a plus rien d'affreux pour moi. Vous me chérissez encore, je meurs content. *(Il lui prend les mains.)* Que je baise ces mains pour la dernière fois !

M. DE SAINT-FRÉMONT, *attendri.*
Laisse-moi, laisse-moi, tu m'arraches le cœur.

ZAMOR, *aux Esclaves armés.*
Mes amis, faites votre devoir. *(Il prend Mirza dans ses bras, et monte avec elle sur le rocher, où ils se mettent à genoux. Les Esclaves ajustent leurs flèches.)*

Scène XII.
LES PRÉCÉDENTS, Mme DE SAINT-FRÉMONT, avec ses esclaves, Grenadiers et Soldats François.

MME DE SAINT-FRÉMONT.
ARRÊTEZ, Esclaves, et respectez la femme de votre Gouverneur. *(À son époux.)* Grâce, mon ami, grâce !

Scène XIII ET DERNIÈRE.
LES PRÉCÉDENTS, VALÈRE, SOPHIE.

SOPHIE, *à Valère.*
TU me retiens en vain. Je veux absolument les voir. Cruel ! tu

m'as trompée. (*À Mme de Saint-Frémont.*) Ah ! Madame, mes forces m'abandonnent. (*Elle tombe dans les bras des Esclaves.*)

MME DE SAINT-FRÉMONT, *à son mari.*
Mon ami, vous voyez le désespoir de cette Françoise ; pourriez-vous n'en être pas touché ?

SOPHIE, *revenant à elle, et se jetant aux pieds de M. de Saint-Frémont.*
Ah Monsieur ! je meurs de douleur à vos pieds si vous ne m'accordez leur grâce. Elle est dans votre cœur et dépend de votre pouvoir. Ah ! si je ne puis l'obtenir, que m'importe la vie ! Nous avons tout perdu. Privée d'une mère et de ma fortune, abandonnée d'un père depuis l'âge de cinq ans, je mettais ma consolation à sauver deux victimes qui vous sont chères.

M. DE SAINT-FRÉMONT, *à part, dans la plus vive agitation.*
Quel souvenir… quels traits… quelle époque… son âge… Quel trouble s'élève dans mon âme. (*À Sophie.*) Ah Madame ! répondez à mon empressement, puis-je vous demander les noms de ceux qui vous ont donné le jour ?

SOPHIE, *s'appuyant sur Valère.*
Hélas !

VALÈRE.
Ô ma chère Sophie !

M. DE SAINT-FRÉMONT, *plus vivement.*
Sophie… (*À part.*) Elle fut nommée Sophie. (*Haut.*) Quel nom avez-vous prononcé… Parlez, répondez-moi, de grâce, Madame, quelle fut votre mère ?

SOPHIE, *à part.*
Quel trouble l'agite, plus je l'examine… (*Haut.*) La malheureuse Clarisse de Saint-Fort fut ma mère.

M. DE SAINT-FRÉMONT.

Ah ! ma fille, reconnais-moi. La nature ne m'a point trompé. Reconnais la voix d'un père trop long-tems séparé de toi et de ta mère.

SOPHIE.

Ah ! mon père ! je me meurs. *(Elle tombe dans les bras des Soldats.)*

M. DE SAINT-FRÉMONT.

Ô ma fille ! ô mon sang !

SOPHIE.

Qu'ai-je entendu ? Oui, oui c'est lui… Ses traits sont restés gravés dans mon âme… Quel bonheur me fait retrouver dans vos bras ! Je ne puis vous rendre tous les sentiments qui m'agitent. Mais ces malheureux, ô mon père, leur sort est dans vos mains. Sans leur secours votre fille périssait. Accordez à la nature la première grâce qu'elle vous demande. Habitants, Esclaves, tombez aux genoux du plus généreux des hommes ; c'est aux pieds de la vertu qu'on trouve la clémence. *(Tous se mettent à genoux, excepté le Juge et les Soldats.)*

LES ESCLAVES.

Monseigneur !

LES HABITANS.

Monsieur le Gouverneur !

M. DE SAINT-FRÉMONT.

Qu'exigez-vous de moi ?

TOUS.

Leur grâce.

M. DE SAINT-FRÉMONT, *attendri.*

Mes enfants ; mon épouse, mes amis, je vous l'accorde.

ACTE III.

TOUS.

Quel bonheur ! *(Les Grenadiers et Soldats fléchissent le genou, et se remettent tout de suite.)*

LE MAJOR.

Braves guerriers, ne rougissez point de ce mouvement de sensibilité ; il épure le courage et ne l'avilit pas.

MIRZA.

Grand Dieu ! vous changez notre malheureux sort ; vous comblez notre félicité ; votre justice ne cesse jamais de se manifester.

M. DE SAINT-FRÉMONT.

Mes amis, je vous donne votre liberté, et j'aurai soin de votre fortune.

ZAMOR.

Non, mon maître ; gardez vos bienfaits. Le plus précieux à notre cœur est de nous laisser vivre auprès de vous et de tout ce que vous avez de plus cher.

M. DE SAINT-FRÉMONT.

Quoi ! je retrouve ma fille ! je la serre dans mes bras. Un sort cruel a donc fini de me poursuivre ! Ô ma chère Sophie ! que je crains d'apprendre le sort cruel de votre mère.

SOPHIE.

Hélas ! ma pauvre mère n'est plus ! mais, mon père, qu'il m'est doux de vous voir. *(À Valère.)* Cher Valère !

VALÈRE.

Je partage ta félicité.

Mᵐᵉ DE SAINT-FRÉMONT.

Ma fille, ne voyez en moi qu'une tendre mère. Votre père connaît mes intentions, et vous les apprendrez bientôt vous-même. Ne nous occupons plus que du mariage de Zamor et de Mirza.

MIRZA.

Nous allons vivre pour nous aimer. Nous serons toujours heureux, toujours, toujours.

ZAMOR.

Oui, ma chère Mirza ; oui, nous serons toujours heureux.

M. DE SAINT-FRÉMONT.

Mes amis, je viens de vous accorder votre grâce. Que ne puis-je de même donner la liberté à tous vos semblables, ou du moins adoucir leur sort ! Esclaves, écoutez-moi ; si jamais on change votre destinée, ne perdez point de vue l'amour du bien public, qui jusqu'à présent vous fut étranger. Sachez que l'homme, dans sa liberté, a besoin encore d'être soumis à des lois sages et humaines, et sans vous porter à des excès répréhensibles, espérez tout d'un Gouvernement éclairé et bienfaisant. Allons, mes amis, mes enfants, qu'une fête générale soit l'heureux présage de cette douce liberté.

FIN.

ISBN : 978-1979285872

Made in the USA
Middletown, DE
08 August 2020

14795248R00033